NEGATIV

UFULDENDTE SERENADER

Et Adornosk fortryllelsesbind

Kim Gørtz

NEGATIV

UFULDENDTE SERENADER

Et Adornosk fortryllelsesbind

2024

SAGARO REC & PUB

ISBN: 978-87-4305-918-9

Forlag: BoD · Books on Demand GmbH, In de Tarpen 42, 22848 Norderstedt, Tyskland

Tryk: Libri Plureos GmbH, Friedensallee 273, 22763 Hamborg, Tyskland

Filosofiens øverste dyd er intellektuel civilcourage.

Adorno

I P. Ferland, s. 20

Det identiskes ophævelse i Adornos negative dialektik,
2002

At indhente barndommen

Permanent at danse ud af rækken

Brud og revner, ruinernes natur-metafysik, gået itu; *anamnese*, forsoninger og forfaldne, standpunktsløshed, en genetablering og gendannelse af tænkningens produktivitet og selvbesindelse.

Den intellektuelles solidaritet med menneskets lidelse, en blødgørelse af forsteningen; det organiske liv med den tabte *mimesis* i kulturindustriens skizofrene relationsløshed.

At tænke imod sig selv i det begrebsløse, at frigøre i den nøgne selv-opholdelse; i forfaldet, nedbrudt og opløst med kritiske modeller af det uanskuelige.

I hengivelsen til 'Den Store Moder', i opgøret med beherskelsestænkningen; i naturens frydefulde uendelighed – og generøse ubegribelighed.

Med taknemmelighedens dulmende erkendelse, i en kaos-metafysisk opfyldelse af identitets-længsel; i en stivnen, med den 'lammende resignation', i 'den blinde tilværelse', med 'den hårde hud'.

I nedværdigelsens administrationsfelt og totalitetsangst sker den identitetslogiske samfundspraksis og skruppelløse pragmatisme; og hvor system-begrebet sladrer, er frigørelses-forsøg særegenhedens svævende forskels-tænkning.

Filosofi er bestræbelsen på at modstå suggestionen, beslutsomheden til intellektuel og virkelig frihed.

Adorno & Horkheimer, Oplysningens dialektik, s. 330, 1995

I og med at filosofien ikke lader sig hypnotisere af overmagten, følger den den ind i alle det samfundsmæssige maskineris smuthuller, som a priori hverken skal stormes eller styres på en ny måde, men begribes, fri for den tryllebinding, de udøver.

Adorno & Horkheimer, s. 330, 1995

Filosofien er *den* modsigelses stemme, som uden den ikke ville komme til orde, men tavs triumfere.

Adorno & Horkheimer, s. 331, 1995

Men bag mandens beundring for skønheden lurer stedse den skralende latter, den umådelige hån, den potentes barbariske latterliggørelse af impotensen, hvormed han bedøver sin hemmelige angst for, at han er hjemfalden til impotensen, døden, naturen.

Adorno & Horkheimer, s. 337, 1995

Naturen er noget skidt. Kun den snu kraft, som overlever har ret. Den er på sin side igen selv udelukkende natur, hele det moderne industrisamfunds udpønsede maskineri er blot natur, som sønderriver sig selv.

Adorno & Horkheimer, s. 342, 1995

Indhold

En filosofi, der i den grad gør sig til af en
lyttende evne, gør sig døv mod ordene, mens
dens emfase skal få os til at tro, at den selv
smyger sig ind i ordene, hvorimod den i
virkeligheden blot er et dække over
vilkårligheden.

Adorno

Egentlighedens jargon, s. 48, 2008

At strø sand i maskineriet

Betydningsfattige beskadigelser i tilfældets
tyranni, en kastration, et nederlag, et
beherskelsesraseri, en brudt helhed – at redde
det særegne – *Apokatastasis*.

Et nul som forsvindingspunkt, i progressive
nyheders *apoteose*, drilske knuder uden tråde;
en passiv hengivelse til *vildsvin* – det
beskadigende i den lille accent-nuance.

I tætte, koncentriske, transparente og
velsammenføjede konstellationer åbner sagen
sig herved ved at forbinde filosofien til
aktualiteten; forløsningens tekstur og stoffets
udfoldelse skal kendes på kætteriet.

Den lyse og klare aften. Den frit formet og
underholdende kærlighedssang. Som en
forelsket bejler synges disse sange til en elsket
læser: *Negativ. Ufuldendte serenader. Et
Adornosk fortryllelsesbind.*

Det er helt Adornosk!

1. En parataksekritisk sandhed
2. En fænomenologisk emancipation
3. Sårbarhedens mikroskopi
4. Essayistik; det metafysiske moment
5. Afstumpede slør; katastrofal afsløring

Ufuldendte serenader

Tidligere udgivelser i sæson 1

Frifundet. Et Kafkask procesbind

Inderlig. Et Kierkegaardsk eksistensbind

Væsentlig. Et Heideggersk værensbind

Aura. Et Benjaminsk passagebind

Hellig. Et Agambensk nøgenbind

Immobil. Et Sloterdijksk sfærebind

Fremmed. Et Rosask resonansbind

Flugt. Et Deleuzesk rhizombind

Livsvilje. Et Nietzschesk kraftbind

Enten foreskriver sproget sig til markedet,
snakken, den herskende gemenhed. Eller den
tilraner sig dommersædet, hyller sig i kappen
og bekræfter derigennem privilegiet. Jargonen
er den lykkelige syntese, og det får den til at
eksplodere.

Adorno, Egentlighedens jargon, s. 118, 2008

Frisat som ubestembar

Grotesk dissonans, en mytisk indfangning af en
luftånd i en svingdør, i en esoterisk rævehule;
genoplivelsen af en livstydning, hvis overmægtige
fordunkling i et lynglimt forvandler åbninger til
betydninger.

Erfaringsladet klaustrofobi, en konkret panik i
befrielsens kvælende hjemlængsel; en oprindelig
forblændelses-sammenhæng, hvor dette "at trække
vejret" opløser en afstemt forbindtlighed.

Grænselinjernes autoritet i "sfærernes hierarki"
gnistrer i sammenstødenes parodier; i øjeblikkets
vekslen, der "berører mig så meget", i placeringens
emblem, i hele skriftens livsironiske vendepunkt – i
den farligste magt i det mytiske område – i
genialitetens fascination.

Gennem den forsvindende dignitet, i den
dæmoniske gemmen-væk, hvor formler besværger
og tvinger ind under mørkets regime, løsnes en
fritænkers tomme hænder; i en tryllekreds af
flertydige tragedier.

I springets skyggespil falder udførelsens øjeblik
bagud, og det hæsliges skema af flygtige strejf
danner et mellemområde, hvor fortabelsen og de
bristede meddelelsesudkast bliver fantastisk dunkle,
ensomme; i sorgens afgrund gennemsigtiggøres
tilblivelsen på ønskets spids.

Ved indvendighedens skik og nærværende
bandlyste eksamen, på en ø, med en flodbølge, i en
malmstrøm, undflys berøringspunkterne, som et
spontant tilflugtssted; i en plastisk
retrætebevægelse.

Det bestående og genstandsløse, som på en plat
ridderborg, i det indre rum med den indre afgørelse,
som refleksionsspejlets spion, i en stille tungsindig
fortvivlelse, svæver nøglen til det store ocean frem;
mod punktet for stumhedens flyvske og optiske
kikhul.

Det uhyre bedrag i den fortryllende maskine, på den
store plads, med sjælen som baggrund, i det blotte
vemod, forladt i tavshed, på skumringens tableau,
indskrænkes en privatsfære gennem ståstedets blik;
manglens pathos behersket af en asketisk
spiritualisme.

Genfødslen på frihedens sted, ånden spaltet; øret og
hørelsens herre, øjekastets produktivitet i
forundringens suk – i de dybe spor, som ikke er til at
forklare – i begrebs-cellernes omslag – og krise.

I stemningernes storme i et magisk apparatur, i en
besværgende vidtløftighed, i gentagelsens blotte
punkt lysfyldes havets stilhed; i en affekt-
psykologisk melankoli, i tungsindets rykkere og
udsatte fængsel, i et vanvids-centrum.

Væren falder fra nu af fra hinanden i logos,
som med filosofiens fremskridt trækker sig
sammen til monade, til et blot og bart
referencepunkt – og i massen af alle ting og
skabninger udenfor. Denne ene forskel mellem
egen tilværelse og realitet opsluger alle andre.
Uden hensyn til forskellene bliver verden
mennesket underdanig.

Adorno & Horkheimer, Oplysningens dialektik, s, 41, 1995

Forbundethedens utopi

Et lyttende ekko i sære landskaber, i en varslende
anelse om et splittet naturmenneske, i en levende
sprækkes moment, hvis liv opløser øjeblikket,
løsrevet fra livets betydning og berøring; i afgrund.

I en meningstom bevægelse stikkes fingeren i den
lugtende klages ensbetydende ærinde; i
fordybelsens tilsynekomst, dér, hvor standpunktets
spot må reddes på ny hvert øjeblik, ofres
besindelsens kulminationspunkt.

Den forædlede tilbagetrækning, i det særliges
problem og erkendelses-resignation, med
dunkelhedens nar og væsensløse udflydelse;
alvorligt identificeret – uigennemsigtigt skjult i
tomme tegn.

Banalt tabt i ”det-dér”, sammentrukket i
dobbelthedens divergerende momenter, i
misforholdets trøst og nedstyrtede helvedestraf; i
viljens sande billede og gennemgangs-sfæriske
mønster.

I omslagets rytmik, i den gådefulde pludselighed
smuldrer en ny skikkelse, unddrager sig brudstykker
af en naturkatastrofe; ”omslutter den totale nærhed
med sig selv – i det navnløse mørke”.

Sammenstyrtet i det blinde og lumske, som suger
marven ud, i humorens lyskilde, med anledningen
som opbyggende beundring, sønderbrydes

miraklernes kollisioner; som en virksom bevægelse
på stedet.

Tanken rives her ind i det sande øjeblik, i det
filosofiske centrum, hvor åndedrættet beder efter et
"snart", i pausens øjeblik, med forsoningens
sprogløse indgreb, hvor den holder inde, i
hulrummets afgørelse; i håbets undtagelse og lyshul.

Gennem blødgørende gentagelser og prisgivende
strømhvirvler, på sørgespillets skueplads, i
erindringens hule, i det fordømtes svæv, udslettes
det bekymrende ægthedssegl, hvis knusende leve-
visdom, med sin nådesløse aspirationer, sympatisk
forblinder passionernes fordringer; med havets
susen og blikstille røst hvirvles livslysten til salighed.

Med et tåreblændet øje, i rørelsernes lysfigurer, og
med en spærrende hjemve, gennemfures smerteligt
og dunkelt et forsprings tomme dybde; en solid
revne titter hemmeligholdende frem som det
umistelige vidunder det er, at blive rørt i sin rislen.

Sønderdelt smilende, med synlige ridser, og
medhenhørende søvn kontamineres en
genoprettende fæstnelse og fuldbyrdelse; at
genbesætte snakkesaligheden på torvet.

Som det regressive tabu, i det navnløse trummerum,
overlades fornægtelsens gru og harme til en
afspejlende erstatning, hvis lemlæstede tab af
tænkeevnens mulighed gør indsigelser mod
egentlighedens hugtænder og uudtømmelige
opvækkelse.

Der må overhovedet ikke mere eksistere noget
udenfor, fordi den blotte forestilling om et
Udenfor er den egentlige kilde til angsten.

Adorno & Horkheimer, Oplysningens dialektik, s, 50, 1995

En dødbringende integrationstendens

En tankenødvendig værenslære med sin falske aura i
en ekstatisk konstellation, hvor begrebets
bevægelse flygter fra filosofiens krise; søger et
andet sprog, en partisan, en gentænkning, en
immanent metode.

I en dunkel trang, med ædel magi, foregøgles en
lyttende, sanselig nærhed, som oplades med
betydning og via oprindelighedens benådning; som
umistelige "herrer over sig selv", specielt når
sproget famler i de(t) helliges toner.

Med en fællesskabs-ethos om "det hele menneske",
som en anden livets yndlingsfilosofi borttrylles
forløsningen og forvandles på tærsklen til en
fisefornem ordløshed; opstillingsparat halvdannelse.

I en kollektiv narcissisme, hvor "det skeende" slår alt
oprørsk ned, efterplapres der livsbekræftende om
uoprigtighed, tjenstvillig ægthed, tiltrækkende
pladser i livet, uafhængig værensbekræftelse;
dybest set om hele verden, "hvem vil ikke gerne leve
uden angst i skrækkens verden".

Med beskyttethedens længsel, her og nu, i
katastrofen, husligt set; indsmugles udsathed, risiko,
at sætte sig selv på spil, uudgrundelighed og
vovestykker, der falder ind i koret – på eksistentiel
vis, helt betydningsfuldt forbundet, med sympatiske
vendinger, med en hjerteknusende facon.

Sunket helt ned til en skælvende gestus og med en spørgende sitren vil man tvangsagtigt være dyb, bundløs, med pirrende aroma, energisk i hverdagen, i skærmende rum; i denne glorværdige forståelsestvang og undergangs permanente trussel.

Hvor enhver dresserer sig selv nærmest, i en lydefri tilværelse, med en filosofisk tro, der vandrer ind i intetheden i form af den lommefilosofiske menneskeværdighed, som skæbneforbundethedens silkepair, forsvinder livsløgne og selvbedrag i tænkningens frisindethed; i den fri bevægelighed, i det helt umistelige.

Med mobile tillægsprotokoller kaster den salige samklang *et genskær af det humane over sig*; lyttende og åbenbare, som ægte, ædel tragik, kæntres hjemstavnskunsten til en halvpoetisk mumlen, hvis skumringspause fåmælt lefler for de mølædte instinkters hulhed; det gælder om at sno sig i ensomhedens store nærhed.

I de rene betydningsmomenter, i det beskadigede (nøgne) liv, sprøjtes der noget pathos ind i ydmyghedens ærefrygt; som ind i en invariant utilstrækkelighed i tiltalens afmagt, ind i alle de skamferende fraser.

Med dugfriske sår og disciplinerende trylleformler tygges der samtidig drøv på de nyslåede fremmedord, der, som medicin og hygiejnisk mumlen, egenhændigt samler sindsbevægelsernes klude; i adspredt *selv*sættelse, med indskrænket elitære apostle, med storslået (u)behjælpsomhed.

Ved den vestlige civilisations vendepunkter, fra
overgangen til den olympiske religion indtil
renæssance, reformation og borgerlig ateisme,
hver gang nye folkeslag og samfundslag stadig
mere radikalt fortrængte myten, er frygten for
den ukontrollerede, truende natur, en
konsekvens af dennes egen stofliggørelse og
objektivering, blevet degraderet til animistisk
overtro, og beherskelsen af den indre og ydre
natur er gjort til livets absolutte formål.

Adorno & Horkheimer

Oplysningens dialektik, s, 70, 1995

Fremtrædelsessfærens samstemthed

I et 'på gensyn', med stemthedens apostle, i sorgens
lys; i mødet ansigt til ansigt, hypnotiseres én dybt i
øjnene, i et edsvorent fællesskab – i et eksistentielt
anliggende, ligesom at gøre den anden en tjeneste.

I pedanteriets strålende overtræksbillede
formummes spagfærdigt praleriets berørthed; helt
tilhvisket, afstumpet – med et overkalket vås, helt
fra snøvsen.

At tænke med hjertet, som et syndrom på det glade
vanvid, på samme bølgelængde, som et "rør mig";
på gangen ind i templet, med tricket, som parasit, i
en krænket snak.

Med cirkulationssfærens skimmelsvamp, i en
brudfyldt bevægelighed, i en væsensmytologisk
tryghed, helt uforvrænget; flikket helt sammen i
kitschagtige, velsignede bindestreger, i mumiers
livsnød.

I en hjemløs dvælen, i indsigelsens umistelige og
halshuggede hjemløshed, hvis fund og regressive
moment uafrysteligt og uundgåeligt er slugt i
uopløselighedens tilsnigelse; hvor den hule kerne
degenererer i et stivsindet og beroligende,
svævende *nimbus*.

Jo mere almindeligt det moderne
industrisystem forlanger af enhver, at han skal
sælge sig til det, desto mere bliver alt hvad der
ikke hører til det ocean af *white trash*, som den
ukvalificerede arbejdsløshed og det
ukvalificerede arbejde går over i, til en lille
ekspert, til en eksistens, som må se sig om for
sig selv.

Adorno & Horkheimer

Oplysningens dialektik, s, 163, 1995

Helhedsskabende uensartethed

I tankens frihed og på de sårbare steder stivner det uafsvækkede grubleris stumhed, når den skjulte taks uerstattelighheds utålelighed bliver den afmægtige panderynken og syndebukken for kropsnærhedens filosofibranches periferi; med helhedens upassérbare værdighed, i en sfære af tåbelighed, i en grumset, tom og tænderskærende verdensklogskab – sker forrådnelsens hygiejne herved svagt som rådighedspotentiale.

I et kvælende klagekor, i værens-troskabens sidste kloakafløb, i en sønderknusning, hvor de famlende følelsers forløjethed forsegles, i den skinhellige smitte, i et ubevogtet øjeblik, helgarderes en toneangivende afsked med et hovedløst falskneri; med fordringen (s)om opbyggelighed.

I afviklingens livløshed, svævende i livselementets tidskerne, i forfaldet, i glemslen og sammenbruddet; her gives der afkald på den triumferende tanke, i prostitutionens selvødelæggelse.

Den dybere blindhed, dunkel og indlysende, i en opløsning, når den størkner, i det hygiejniske fabrikslokale, i den indre økonomi, i det afstumpet likviderende slør; her hersker udryddelsen i tragikernes trolddom, på dæmonernes plads, med besværgelsesmetoderne under armen.

Den angst, som ikke truer en selv længere,
eksploderer i den skraldende latter, udtrykket
for det individs forhærdelse i sig selv, som først
for alvor lever sig ud i kollektivet. Den
skraldende latter har til hver en tid denunceret
civilisationen.

Adorno & Horkheimer

Oplysningens dialektik, s, 170, 1995

Det skabtes grundlæggende intethed

Hvileløst forhekset skrumper knudepunktets
brutalitet og selvopholdelsens undergang ind i
magtesløshedens lyttende åndsnærværelse; den
længselsfulde forlokkelse klæber hermed
suspenderet til euforiens rus.

I befrielsesråbets kommanderende prisgivelse, hvor
fantasien går i hundene, i det uopholdeliges døve
ørenlyd, som lænkes til befaling og lystren; i splidens
undertvingelse, mildnes her den utæmmede tanke.

I en degraderet suspension; omvæltende grubler
der en ubehersket utopi over et omflakkende
bedrag, i en ærværdig stilisering, der længselsfuldt
spejler sig i livfjendske løgnes momenter.

I flugtbanernes bævende og flakkende fristelser
mimer der tungnemt umætteligt et "at klare livet";
med hjertebankende fortællinger i de vilde rum og
med frigørende, efemere sammenføjninger, med
gæstevenskabernes magiske skemaer, overlistes
således heroens protegé.

I den sværgende list udspringer der en
tilbagegivelse, en stammen, en offerpraksis, i hvis
revne og afkald det levende og omflakkende liv,
forsømt, sønderkuet, lemlæstet, snor sig smygende
og lænket, klamrende sig ensomt og utåleligt til den
simple dvælen; her er vi i slaraffenlandets barbari og
underlagt huleboernes anarki.

At leve i vilde tilstande, i rapsodisk dumhed, som et
tænkende uhyre, som en rørende vildmand med
grimme tanker; som den magiske ingen – i den
tvetydige, fordærvende og frelsende fugtige refleks,
hvor vildnissets nøgenhed, og den ufri snusen,
holder næsen ved jorden – opstår de snøftende
udrensningers uimodståelighed.

I en ubændig afmagt, hvor følelsens sarteste
forgreninger bryder sammen, i "besøget i
dødsriget", i sprængningen af helvedes porte,
afskaffes latterens forsonende offer; på et forstenet
bosted, fuld af hjemve afsløres afgrundens glimt.

Når broer styrter sammen, hvor kornet rådner, og
når medicin gør syg, denne pludselige død i
underkuelsens højeste punkt, bliver pusterummene
i intet øjeblik uudnyttet; mistænkelighedens
sentimentale følelseskult forbliver i sin vulgære
fordømmelse, forbliver i en helligbrøde.

I en regrederet libido, med en intellektuel glæde,
som et apatisk minespil, hvor en sygelig villen-være-
herre, underminerer livet i de "stærke tiders"
medlidenhed; her hviler velvillighedens forbandelse
– og dybeste tragedie.

I tilbedelsens næring, hvor festens udsvævelse og
vanvid tæmmer feriernes hengivelse, bliver
kærligheden kasseret på livshorisontens baggrund; i
denne "latterlige entusiasme" foregår
undertrykkelsens praksis – som i *altid*.

Men medens det virkeliges bevidstløse kolos,
den subjektløse kapitalisme, blindt
gennemfører tilintetgørelsen, lader det
rebelske subjekts vildfarelse denne være årsag
til sin opfyldelse, og det udstråler således
samtidig med den skærende kulde over for de
som ting misbrugte mennesker også den
vrangvendte kærlighed, som i tingenes verden
indtager den umiddelbares plads.

Adorno & Horkheimer

Oplysningens dialektik, s, 171, 1995

Løsrivelsens sensitivitet

I den romantiske nostalgis vrængbillede, et hånsk
forlis i de bedragne masser, som en dalende stjerne,
hvor maskinen roterer på stedet, i sfærernes
fornøjelsesmaskineri, med et åndeligt pust og
etableret flid; bliver visdommen massakreret og
parteret i det *nyes* tempo.

Gennemtævningens snedighed i/af det trætte øje,
som en asylets afledningsfunktion, hvor den
kultursværmeriske romance, i ekkoets latter og
latterens ekko, "knytter sit liv til øjeblikket, der
rinder bort"; hele kastrationstruslens snyd.

"Flugten fra hverdagen", i fornøjelsens glimtvise
øjeblikke, i karrierestræbets bedrageriske katedral, i
løgnens lækkerbid, i fordummelsens udtømmende
narreleg; som en naivt-snu og trofast slyngel, som
"hjemmefilosoffer med hjertet på rette sted", bliver
en skriblende, sjælelig kammeratskabspleje til en
flok stolevarmere med smittende hjerte af guld, som
paralytiske dannelsesaffald.

I et tragisk forbedringshus, hvor det ubønhørlige liv
tæmmer de revolutionære instinkter, og hvor den
snublende selvforhånelse smutter i smuthuller med
den sørgelige smidighed, hvis accent og *touch* udgør
et forplumret trafikknudepunkt med spaltende
hårdhed; her foregår kulturkoncernernes
næringssugende og sammenbrydende *shows*.

Den lykkelige tilværelse i en verden af rædsel
gendrives af den blotte eksistens som
skammelig. Dermed bliver denne sidstnævnte
til det sande væsen, medens den lykkelige
tilværelse bliver til intet.

Adorno & Horkheimer

Oplysningens dialektik, s, 177, 1995

Stilhed, tomhed; et nulpunkt

Nervesubstansens sadisme; hemmelighedens
forarmelse lammer og forbyder en tænkende
aktivitet i et stiliseret barbari – på et tilflugtssted.

Med fornedrelsens fiksfakserier, glasur og livseliksir
hos alle de ubekvemme *outsidere*, i det flygtige blik
ligesom afspærringsmekanismernes montager,
ligesom reportagens nærbilleder, overvældes
vemodet og forkrøbler epidemisk utålelighedens
paroler; som et uforståeligt og gysende
beskyttelsestegn.

Tilintetgørelsesviljens brændemærke, kløgtens
dumhed i dobbelthedens askese og afkald, som
værgeløse og lemlæstede dyr i den totale udbytning
i livets pendul; i "smerte, kedsomhed, stille drift og
endeløs længsel", at "blødgøre uendelighedens
stenhjerte".

Som et levende monument, degenererende til
skamløshed, i et nederlag, knækket i den
sørgmodige lykke, som en lemlæstet hyæne,
forvrænget, stilles såret til skue; bestialitet.

Fornøjelse betyder altid: ikke at skulle tænke
på det, at glemme lidelsen, selv der hvor den
vises. Afmagt er fornøjelsens grund. Den er
faktisk en flugt, men ikke, sådan som den
hævder, flugt fra en slet realitet, men fra den
sidste tanke på modstand, som denne realitet
endnu har ladet stå tilbage.

Adorno & Horkheimer

Oplysningens dialektik, s, 209, 1995

Beroligende ideologi; en afskærmning

Parataktisk tænkning, øjeblikket for filosofiens genkomst, en auretisk *dialektik mellem begreb og det, der falder uden for begrebet*; at tænke i modeller som et meditativt glimt af løsrivelse.

At bryde med myten gennem konstellationer og nedrivninger af passager, som et opvågningspunkt, hvis aura i erkendelsen giver et glimt af håb og åndelige impulser; i den filosofiske erfaring af undergangen.

Tilbagedannelsens latterlighed, udeblivelsen af den filosofiske realisering, kvælningen af den kritiske tanke; ingen teori undgår længere markedet, *tanken tager skyklapper på*.

Den svækkede tanke i "den dovne eksistens", i "en forskelsløs livsstrøm", i "en retarderende refleksion", i "en filosofi, der skvadrer om uendeligheden"; et *neuralgisk* punkt, hvor en *pseudo-morfose* når ud over begrebet – altid som bandlyst.

I den tomme dybde, hvor filosofien har del, i kraft af sit tænkende åndedrag, er tankens værdighed i den sakrosankte inderligheds fordybelse; *"… ude over det, som den modstræbende binder sig til, (her) findes dens frihed."* (Adorno, Negativ dialektik, s. 32, 2017).

Listigt at tilsnige sig det blege omrids således at tanken trygt kan sluge billedet af mennesket i centrum; det *eksistentiale* vendepunkt, som tabuiseres, hvis krakelerende hylster, genopretter og forløser den sammenhængskraft, hvori den stivnede helhed begynder at tale under tankens dvælende blik – her sprænges det uopløselige.

Det særligt føjelige i den meditative sammentrækning, hvor den ureglementerede tanke op mod den svimlende, herskende mening, i det åbnes chok, i den svævende undsigelse, i det bundløse umistelige vanvid, går tankerne til det yderste, som en anden hjerneakrobatik, hvor den åbne tanke er ubeskyttet; i vævets tæthed, i den bundløse tænkning.

I den brægende "fritsvævende intelligens", i den frisatte uforbindtlighed, genoprettes en samklang, hvori en famlende, sensitiv søgen efter det særliges værgeløse værdighed, som et blink i øjet, finder filosofiens velsignelse; som et dresseret indfaldsted, i resignation og forblindelse, som en uopløselig fetich, opstår her "et tomrum mellem begreberne og det, de besværger".

Som en slags sproglig slendrian, i tænkningens skavanker med sprogets krop og den syndige livsnød, bliver et *stykke uudviskelig tilværelse til den filosofiske prisme, som opfanger nærhedens farver*; noget forsømt sker, som en længsel efter en *neo-ontologi*.

Den behagelige gysen, der uafladeligt plaprer efter munden i en genklang af værens kult, i en umistelig rystet, hinkende livsfølelse; her væves den katastrofe, hvor den svævende og tiloversblevne åbenhjertighed restaurerer en falliterklæring, *"den særlige filosofiske impuls til at sprænge noget sandt fri."* (Adorno, Negativ dialektik, s. 78, 2017).

Som skudt ud af en pistol, i en intetsigende, tyndslidt biklang, som i *bladenes brusen i vinden*, med et *mytisk panser*, bliver "det oprindeliges munkekyskhed" til i et mystisk ingenmandsland, hvor filosofiens stumhed smyger sig ind, helt tomt, på det absolut uudtrykkelige, i *det umiddelbare bliks momen*t; i *det fysiognomisk opglimtende*.

En *værensværdig* filosofi, som et udbrud ind i spejlet, må her gøre krav på en ontologisk pathos, hvis betydningslæres magnet og tab; *"… stadig sitrer som en klichéagtig efterklang i udtrykket værensglemsel."* (Adorno, Negativ dialektik, s. 91, 2017).

Med en *metafysisk resonans*, hvor "ske" begrædes og helligholdes som den forsonende impuls, saboterende klagesang og forblændelses-sammenhæng, med det enkle naturlige livs bliven/væren "herre over", erfares der en kulturindustriel frisættelse og neon-belyste stil som et formtabs *"forandetværens"* restaurative, levende og stivnede invariante beskadigelse; i triumfskrigets blindhed.

Den elektrisk ladet fromhed og fordampende auras affaldsprodukt omplanter dermed en uopnåelig lukkethed i værens mørke, med en allergi mod de faktiske betydningsteoretiske overtoner og klangfarver; med den meta-logiske "tomme plads" som hint tredje og singulære væsen, som magisk blænder momenterne i et helhedstroende, som et alment tredje, svinger dermed tabet af aura mod en flygtende regression.

Det svævende uudtrykkeliges permanente fiasko og tankedigtning forstummer i et tomt misbrug og en "skalkagtig, kværulerende egensindighed"; usmageligt forløjet i ét emsigt, dimensionsløst punkt.

Som en uangribelig tomheds matrix, i et strategisk, uopløseligt mesterstykke, nedblændes dermed *filosofiens åndedrag*, "dermed faldt alt til jorden"; dermed et *skandalon* i begrebernes magiske væv.

Steresis flirter her med *topos* i kulturens ontologi, i et besnærende *eureka*, i en uopsigeligt faststampende og eksistensvækkende *kultus* ignoreres dermed "et ægte øjeblik"; *"... på eksistenslærens formørkede himmel skinner der ikke mere nogen stjerne."* (Adorno, Negativ dialektik, s. 128, 2017).

Med en hovmodigt skælvende trolddomsmagt forfølges "forsvindingens furie", som en "kikkassemetafysik", spærret inde i sig selv, på en

sort himmel, kummerligt, søger tænkningens
armatur efter listen; efter det umættelige.

*"Kravet om enhed mellem praksis og teori har
uopholdeligt fornedret teorien til at være
tjenestepige; fjernet det fra den, som den skulle
bidrage med til denne enhed. Det praktiske
visastempel, som man forlanger af teori, er blevet til
en censurstempel. I dag, da den overalt herskende
gesjæft lammer og diffamerer teorien, vidner teorien
i al sin afmagt mod denne gesjæft. Derfor er den
legitim og forhadt; uden den kunne praksis, der hele
tiden vil forandre, ikke forandres."* (Adorno, Negativ
dialektik, s. 137, 2017).

Pisket af en rasende arbejds-ethos, skælver
klingende den lystmorderiske frase og livsnerves
hokuspokus; indlemmelsens appetit støder hermed
sin pande mod de stirrende, indefrosne
konstellationer.

Som formummet efternølere og mørkemænd, rub
og stub slynget ud i periferien, i en umættelig
repression, på en munter rejse; "at være hjemme
overalt", at "elske det fremmede" i det kurante
øjeblik, som i et tabuiseret skalkeskjul.

Med fritsvævende hængsler, i flugtens *genese*,
forhekset i "den filosofiske branche", i en stille
længsel efter autentisk værdighed, apokryft, at være
berørt; i hele registreringsmaskinens
forsvindingspunkt, helt tryllebundet.

I et øjebliks knudpunkt, vinduesløst vævet i et
uindskrænket omslag, i et svigtet, dæmrende og
tvangsfuldt pust, genlyder og opmuntrer en
hårdnakket og inderliggjort genspejling i et omslag; i
et utøjlet ekko, klovneagtigt, latterligt med vellystige
skuldertræk, uværdigt, krast, infantilt med en
forsmået tilsnigelse, aflires et ryk, møjsommeligt
væltet, som klamrende og afvigende nejsiger,
optegnet i en ubrudt samklang, i et forkrøblet
lynglimt, skræddersyet, blegnet, opslugt med et
svoret hjerteslag, *indforlives* en frihedslære,
uafledeligt frygtindgydende, dulmende kvalt,
flagrant.

Skødesløst splintrer og garderes en uundgåelighed,
hvis husly parerer et gøglebillede, der smitter,
skriger og svigter; tilsmudses af en udpønset,
opslugende, tumlende afglans – i den lånte tid
lammes den utilstedelige velsignelse i et blokeret
pusterum – "noget hvisker fornuften i øret".

Udskejelser, hullet, spinkelt, hånt, smeltende, svage
og stiltiende gnister, i svøb, i overtoner, knækket,
blind, urokkelig; tom og umulig i den skræmmende
tilværelsessfære, som en nøgen tvang i et
ubønhørligt selskab af modstand med svingende
dybsindighed og inddæmmet bristepunkter – værdig
til lykke – suspenderet, vedføjet.

Spidsfindigt forblændet, vristet løs i livets invarians
og hån, i den åbne erfaring, i de ominøse livsstorme,
i den fatale auras venlige skygge; at være liv,

afmægtigt inderliggjort, knust og udglattet,
likvideret og ynkeligt brudt sammen, skrumper tæt
sammen, vævet på nødhjælpens sympatiske
tærskel.

I et tillokkende hjernespind, med den smertefulde
skalten og valten, lammes det forkælede jeg, som
puster latterligt på de spinkle floskler i tankens nød
og knyttede knuder, der søger salvelsesfulde toner
og hellige duplikater i en dumhedens
møjsommelighed; i udvandingens anonyme,
changerende ivren, på den smalle vejs sandheds-
momenter.

I misbrugets sammensværgede refleks kittes den
deformerede tabte mening sammen af degenereret
flammer, som mildnes i det forsmædelige spejl, hvis
hæslige, skamløse og jublende forkyndelse, gør
gruen sårbar over for blodsugernes frikendelse; i et
slæbende skibbrud og retsmaskineri, i et
opmuntrende vanvid, hvis ufortøvet lurende
afskrækkelse erfaringsafviser skadelighedens
grundrids.

I en ny, spaltet neksus løber tavsheden løbsk, som
en kryptisk misdannelse, i en forhærdet glidende nat
afskys den fritsvævende og ildevarslende,
hendøende, glimtvise, opblussende ædelt
fordrejede tungsindige grublen; i en invalideret
snuhed, som krumtappens lammede svigt.

Forrådt kras, finessernes magtintrige og
flueknepperi; omslagsstedets tilsætningsstof og
ukontrollérbare *clearing* i berigelsesbegærets
brusen, med frisættelsens svindel og forsmædelige
refleks-reaktion, som en art livets kult, hvor
karaktermasker og værdighedens agenter, klamrer
sig forkrøblet, opsuget i en taknemmelighedsgestus,
i en gnidningsløs totalproces, med sammensvejsede
hvilepauser, her klumpes den permanente
katastrofe sammen med beherskelsens sejlivethed.

Krokodilletårernes forpurrede tankegods og fanfarer
forudaber overdådig poetisk luksus i det særlige
ingenting, som strejfer udmattelsen og
undergangens kryptiske strøm; nedblænder
utrætteligt "en kraft, der kan helbrede sig selv", i
brændefaklens usårlige afmægtiggørelse.

Som en damptromles afmægtige længsler, i et
grådkrampeanfald, hvor skamferede udspyer *et
ekko af en helvedeslatter*, som en *stambordsvisdoms*
ufordøjet og underkuet herskende metafysik og
afgrundsdybe likvidering; i tabets perspektiv og
selvforherligende floskler vansires
orienteringspunkternes dekadente grobund, skævt
indkapslet i lykkens tomme blade.

Ubetænksomt, nådesløs i forfaldets dristige
impulser, salvelsesfuldt udvandet i en lammet hån, i
et forvrænget chok, i et hviskende, livagtigt
flugtpunkt, kradser en mislykket, suspekt og
hårdnakket spidsborgervisdom; river sløret itu...

Når den samfundsmæssige
beherskelsesmekanisme tager naturen til sig
som den velgørende modsætning til
samfundet, bliver den – naturen – netop
draget ind i det uhelbredelige samfund og
forsjakret.

Adorno & Horkheimer

Oplysningens dialektik, s, 215, 1995

En art forfald; lidelsesfri i en forgæves venten...

I jubeludbruddets fordømmelsesværdige forsmædelse, afmægtig, hjælpeløs og umiskendelig uopløselig, udsultet, famlende i tilværelsens tomhed, i den afstumpede konspiratoriske praksis med sin intetsigende indsprøjtninger, i den tilklistrede sprogsfæres brændemærkninger, revner lydløst en udtørret lykkekrog, hvis opslugende uendeligheds-pathos smadrer en uudgrundelighed, som tryllebinder de dækningsløse veksler i "en dristig anmasselse"; i en forstokket, krampende klamren, med gådebilledets fornedrende panser, lullet og rugende hensunket, i en rumlig ekstase, utåleligt sunket, skærpet og lurvet, skrøbelig, uudslukkelig, foresvæves en tilbagevigende skygge, i sin tilsnigelse.

Med malstrømmens hittegods; i transversale *heterotopiers* intensive øjeblikke, der "abdicerer fra tiden", hvor glemslen, erindringsstumper og meningsfragmenter i en trøsterig afglans og afsked i den nedladende tones resignation, i en håbløs ømhed og pirring, åbner en uendelig horisont, mættet, og brusende i ekscentriske lynglimt, opsluges, og slår gnister i et snævert liv.

I indskrumpningens midtpunkt og standsning, rapsodisk og springagtig, immanent i momentet, orakelagtig, som enkeltstående frisættelse, bidsk,

stejl, i opsving, i glædens knaphed, i dumhedens
naragtige erfaringskerne; i den dramatiske knudes
forfald, i intrigens livlige tavshedsløfte, i
fiksfakseriernes troldspejl, gennemkomponeres
ubesværet en patetisk slidthed.

"Det glorværdige øjeblik" slider og udsletter en
afslibnings knusende efterklangsbillede, i hvis
sammensvejsende gestiske kryptogram et
indvendigt verdensteater buldrer i et opstigende
ekko; i fordybelsens blik, i det modstræbende,
tekniske ståsteds skumrende skranke, som en
skrøbelig kadences knudepunkt, i afvigelsens frase
og forpurrende passage, i den betydningsfjerne
nærhed, i de første fremstammende ord, i en
drastisk udvidelse, i et hulrums udad-krængende
realiseringsorgan.

Den symfoniske logik klinger usvigeligt forbløffende
i en tidløs formfornemmelse, mærkværdigt
ubekymret, rytmisk uigenkendelig, i en forstenet
kækhed, holder vejret, dansende i mørk lyrik,
dunkelt i panderynkende kvikhed; i det galantes
tyngdekraft, udklingende, retarderende, som en
finte, der taber pusten, i et tomt hylster, i
barndomslandet, en svær skranke, et misundeligt
blik, brutalt opslugt, suspekt med moralsk profit.

I en forlænget uro afskærer en kedsommelig
parafrase en dybfølt præcision og knaphed i en
stramt komponeret, mærkværdig tidsflade; i
glathedens kontrast suspenderes her de lange

bølger af trøstende renhed, og uudfyldte
hvilepauser.

I det subtile pusterum, *at lade harmoniernes død
træde nøgent frem*; i en integral symfoni, der står i
stampe med indskrænkede nykker, ophænges her
en filosofisk vellykkethed.

I dristighedens åndedrag og fredfyldte anspændelse,
i en dybsindig sløjfning, i en mono-manisk humor
som klangbaggrund, hvor det hele holdes svævende
i et spøgende spil med dumrianer, der holder vejret i
de stupide parafrasers monumentalitet; i det naive
øre, i den salige melankoli, vis rislende tid som lykke
dasker saligt afsted, som i regressionens luntetrav, i
tomgang.

I den tomme klangs farve, i den symfoniske tids
hvilepunkt, i stoppestedets gysende og umådelige
ides uhyre økonomi, i et svævende ryk sprænges
idyllen som et rytmisk klang-spejl; ved konsument-
psykologiens port, i den triste hverdags tiltagende
tavshed og ved de gennemfurede, rørende relikviers
ruiner, i den revnende afmagts splintrende floskler
og antændelses hulhed, i længslens sjælfulde
sekvenser, nøgent hensunket i det spiritualiserede
kontrapunkts lyriske kerne og betydningskompleks'
utrætteligt hensygnende og gennemkomponerede
felt, i den nøgne akkords sælsomme indskrumpning
og i det hæmmede åndedræt, i det gabende store
mellemrum, i en dynamisk skælven, der går ud som
et lys, i en rædselsvækkende tætføring, i det

melodiske vævs elegante punktum, camoufleret
umærkeligt i skrantende analoge passager, sniger
rasende strømme kannibalistisk smadrende og
ubrudt afsted, i en uudtømmelig skønhed, generøst
uudglattet, i fragmentariske væv, dunkelt afvigende,
tamme, uinspireret, i tankevækkende afkald, som
pragtudfoldelsens tomme fraser, i sprækkernes
trøstesløshed, med ærefrygt, i en gnidningsløs
progression og avanceret dristighed, over ekstasens
kløfter og øjeblikke, med klangligt overvældende
glansnumre, som et besværgende væsen, i
kalejdoskopiske oscillationer, i den symfoniske ånds
fibre.

I den dystre skrøbeligheds udtryksbærende
intethed, i bønnens åndedrag om en indre og en
ydre fred, svækket og mærket i lytningens afmagt; i
den mistænksomme autenticitet, i den dæmrende
følsomhed, i de åbne revner udviskes vanviddets
nøgne sprog, og de diabolske afgrunde, der giver
slip på sig selv, og lader sig drive langt ud på havet i
en sanselig beruselse, i selvopgivelsen, i
opsplitningen, i opløsningens klangtæppe, i den
hendøende harmoni, skrumper forsvindende berørt
ind i de væsentlige betydningsfigurers mærkværdige
uegentlighed, ind til en beskåret fortætning; i
standhaftighedens formildning, i "gysets øjeblik"
("bliver herre over sig selv", Adorno, Beethoven –
Musikkens filosofi, s. 209, 212, 2020), i den
uafbrudte brusen, i det vægtløse, bortsvævende, i
stjernelysets bønhørlighed, i overgivelsens øjeblik.

Som folie i afskedens takkebøn, i grådens strenge erkendelse, begærligt fremstammet, gryende afmægtig i det trøstende daggry, i *det værst tænkelige øjeblik*, uforskammet i skyhed, overlæsset, tildækket af sprogets huller, i den tomme klang med de bratte skift, uomsmeltet med betydningsoverlæssede trylleformularer; i den døende hånds bedøvende nærhed.

Nærmer sig intetheden, som en aura, som "den enestående fremtrædelse af noget fjernt…", den ensomme klangs atmosfære, i den permanente skandale, som løsrevne sentenser i en smigrende *symfonik*, hvis livsvisdom og lykkebegær – lige nær ved midtpunktet – lige nær centrum – i vældighedens, planløse parafraser, i et "sådan er det"; i en forsvindende ontologi, i en rapsodi, i en æstetisk homøostase, i en særlig trussel og selvprisgivelse, som en *frasemaner*.

"Al musik var engang tjeneste, for at mildne kedsomheden for de højerestående…". (Adorno, Beethoven – Musikkens filosofi, s. 259, 2020)

Frihedssværmende følelsesfællesskaber, berøringsflader, blidt udglattende, smigrende bønfaldende og kælent; med usvækket list, helt bukkende, helt knusende.

Den dvælende lyrik standser, varer et øjeblik, i den åndende understrøm, i det hvilende livs dignitet, i en cirkulær vandrings, grænseløse lysskærs ocean.

Alle er frie til at danse og fornøje sig, ligesom
de siden den historiske neutralisering af
religionen har haft frihed til at slutte sig til en
af de utallige sekter.

Men friheden i valget af ideologi, som altid
reflekterer den økonomiske tvang, viser sig på
alle felter at være friheden til det evigt samme.

Den måde, hvorpå en ung pige tager imod og
absolverer den obligatoriske date, tonefaldet i
telefonen og i den fortroligste situation, valget
af ord i samtalen, ja hele det efter den luvslidte
dybdepsykologis ordensbegreber opdelte indre
liv vidner om forsøget på at gøre sig selv til et
succesadækvat apparat, som helt ud i
driftslivet svarer til den model, kulturindustrien
præsenterer.

Menneskenes intimeste reaktioner er så
fuldkommen tingsliggjort over for dem selv, at
ideen om det for dem særlige kun fortsat
består i yderste abstrakthed: *personality* er for
dem efterhånden næppe meget andet end
blæsende hvide tænder og frihed for armsved
og emotioner.

Adorno & Horkheimer

Oplysningens dialektik, s, 237, 1995